Paul Gisi
Flammenfigurationen
Liebesgedichte und Assoziationen

Books on Demand

Bibliographische Information der Deutschen National-
bibliothek: Die Deutsche Nationalbibliothek verzeichnet
diese Publikation in der deutschen Nationalbibliogra-
phie, detaillierte bibliographische Daten sind im Internet
über http://dnb.dnb.de abrufbar.

© 2025 Autor: Paul Gisi, op.144
Umschlagbild Ludwig Weibel
Verlag: BoD · Books on Demand GmbH,
In de Tarpen 42, 22848 Norderstedt
Druck: Libri Plureos GmbH, Friedensallee 273,
22763 Hamburg
ISBN: 978-3-7693-2014-5

Paul Gisi

Flammenfigurationen

Liebesgedichte und Assoziationen

Inhalt

Im Wind in der Täuschung

Liebesgedichte

Das Licht

        das zauberische

in deinen Augen beschwören

fahlblauer Wind überm See

aus dem Schlinggewächs

        steigen nicht deutbar

ein paar Worte auf

•

Scharlachrote Berberitzenbeeren

auf der Zunge

Dämmerung fällt

wir sinken mit ihr

in pulsierende Lebensfülle

•

Rabengekrächz –

verwundert

schüttelt Cassiopeia den Kopf

wir küssen uns

•

Der Atem

ein Silberlicht

ERINNERUNGSLOS

das Lächeln

wurzeltief –

der Zitronenbaum

erzittert

•

Die Sonne

ein Tropfen

in der Blüte der Sumpfdotterblume –

dein Lächeln

LICHT

welteninweltenfallend

Liebeslust

·

Ein Zittern durchkräuselt deinen Leib

zungeaufzungeleicht

die Flamme in der Hand tanzt

·

Deine Brust eine Meerorange

deine Arme Blattrippen –

       ins Ohr geflüstert

     E r k e n n e n

          10

      •

Du balancierst FERNE

in dir

     ratlose Wolken

     sammeln sich

nach zwei drei Schritten

das All

      •

Sich finden im Wind –

von allen Rändern her

in die Mitte sinken

S E H E N

  •

Lichtleichte Cembaloklänge –

    der Atem silbrig

Welten tanzen

im Schilf

  •

In zauberisches Licht sinken

s i n g e n –

  •

Die Milchstrasse

eine funkelnde Kette

um deinen Hals

    der Sumpfrohrsänger

ritzt Geheimnisse

in den Himmel

wir entziffern uns

in der Liebe

·

Das gefiederte Lied

setzt sich

    atemlos geworden

in Waldbrustwurzdolden

      ein Gewitter zieht auf

Wellen eilen ans rettende Ufer

wir trinken eng umarmt Wein

l a c h e n

    glücklich vereint

   •

Milchstrassen

wie Notenlinien

auf deiner Haut –

      in der Dämmerung zu singen

      das rubinrote Liebeslied

   über deine Lippen segeln

   SICH OFFENBAREN

     •

Libellenpizzicati

im irren Gleissen überm Schilf

   im Wind

     in der Täuschung

im Weinbecher SENG-TS`ANS

Die Meisselschrift

   vom Glauben an den Geist

pyrophor

die Worte der Nacht

•

An deinem Ohr zu hören

Gesang Windströme

    das Rauschen des Schweigens

– – – Traumschroffheiten

        wild überstürzende

eins fern werden

im rasenden Traumgepoche

LEIDENSCHAFTLICH HERZ E I N S

•

Luftleicht das Violinspiel

aus deiner Hand

    flockig tanzend

das Auge blitzt Liebe

    Milchstrassen

    als Brustkorbrippen

der fliegende Fisch

ward nie mehr gesehen

·   16

Vergessen

ruht sich aus

in der vorzeitlichen Wolke

        über deine Lippen

        weht ein Wind

die Fingerbeeren brennen

·

Ohrläppchen küssend

das Andante cantabile des Streichquartetts

von Mozart (KV 387)

im Duft des Thymians

singt die Sonne

Schmetterlingsträume

– auginaugversunken

•

Du eine *Fingerpalme*

von Licht und Lust geriffelt

– – – Luft und Wasser

Orion Königskerzenmönch – – –

– DEIN ATEM FLAMMT IN ALLEM

•

Dein Leib eine Celloballade

deine Zunge granatapfelrot

ein Ingwerzapfen dein Geschlecht

die sonnenhungrigen Lippen suchen den Kuss

LEBEN FEIERT SICH

UMARMUNGINUMARMUNG

·

Der Feuervogel fliegt

zwischen Morgen- und Abendland

in deine Nacht –

verirrt

verwirrt

UNUMGÄNGLICH

das zitronengelbe

bewimperte Sonnenröschen

flüstert Liebesworte

und d o r t

singt der Wind

·

Salzfelder Tundren Seen

in deinen Augen –

ein Oboenklang

kauert im Schatten

– – – W i n d trillert über den Wellen

ein Vogel verdunkelt die Sonne

ZU DIR HIN

NEIGT SICH DIE WELT

Fingerpalme

      sage ich

gelber Hopfenklee deine Augen

eine Notenschrift oben

BEBILDERT DIE LEERE

·

Traumintraumverschlungen
unsre Wirklichkkeiten –

von weit herkommend
verirrt sich ein Wind
in deine Arme

    malvenfächrig der Atem
    in den weiten Landschaften
    der Erinnerung

mit dir mundanmund
Maulbeerwein trinken

ENDLICH AUSZURUHEN
HANDINHAND

•

Wenn Wolken sich umtürmen
Kontinente sich verschieben
Galaxien ins Nichts rasen
denkt der Laufkäferforscher

die Orpheusgrasmücke

der Austernfisch

die Moschusmalve

DER MENSCH

ALLES VERWANDELT

UND GUT

·

Worte wie eine Lumineszenz

in der Nacht –

Blattadern deine Hand

in der Kniehöhle

träumt die Weisse Teichrose

krebsnebelverhangen

das Atemlose im Mund

komm

wir gehen auf die Mole

lassen die Zungen in Wellen sprechen

•

In deiner Handmuschel

singen Vögel Rosen Sonnen

über deine Lippen

gleiten filigrane Finger

TRAUMMEERWELLEN

DEIN ATEM

Galaxien ruhn sich aus

im Nachtnelkenkelch

als ob es keinen Flammenabgrund gäbe

•

Das Freskogemälde der Äonen

in der Seele freilegen –

dem Wind

der keine Zeit kennt

folgen

AUFATMEN

wenn du bei mir bist

•

Perlen aus Paisiellos Klavierkonzerten

glitzern an den Bäumen –

    Herbstlicht falbt ins Herz

        23

PERSEIDEN

flammen auf

in deinen Augen

strömen siebengestirnhell

über die Lippen

der Gefleckten Kuckucksblume

IN DER TRUNKENHEIT DER FARBEN

•

flockenleicht / in Irrlichtern

Der Laufkäferforscher denkt

Assoziationen

* offnen Auges sehe ich Farben Formen *Täuschungen* / ich
schliesse die Augen und sehe DICH überall

* die Wirklichkeit der Seele ist flockenleicht /
zerschmetternd schwer

* noch fröhlich jetzt / doch die Hummel hummelt ins
Verderben

* wie schön die Wahrheitsbefähigung die Skepsis der
Relativismus / im Adagio weint die Welt / lacht

* trillerleichte Gedichte / als ob sie *wüssten*

* dunkle Traumwolken überm See / in dir

* feurig der Horizont / die untergegangene Sonne ist längst
auf einem andern Weg

* im Schweigen sind alle Formen und Täuschungen zuhaus
/ trinken wir Wein / *reden* wir miteinander

• der Wind versteckt sich vor dir im Gebüsch / natürlich vergebens

• haarfein die Nickende Distel / übermütig jung / glühend

• verfallen in den Verlockungen der Lust / gut ist es nahe bei der Schattenblume zu sein

• in Irrlichtern singen

• weit und breit eine FÜLLE / erregend nah die Ferne

• im Celloklang sich zu verlieren ist leicht / der Regentropfen möchte sich in der Sonne finden / ob ers kann?

• das Universum ein Netz / in den Knotenpunkten sich küssen

• wir durchschauen uns nicht / zu amorph ist alles

• eine Pfeife rauchen / nachts auf der Hafenmole sitzen und
lachen / den Morgen neu einfärben

• es stürmt bedrohlich / gut dass ich die Haustür offen liess
/ ich weiss du wirst noch kommen

• der Denker hat es aufgegeben zu denken / er trinkt alten
Brandy

• wir wägen die Welt in der Hand / so leicht so schwer

• die Menschheit ist ein Keulenschlag auf das Zarte / ein
einsames einzelnes Blümchen reckt sich ins Licht

• nichts zu entziffern / nichts zu interpretieren / nichts zu
belehren / l e b e n

• farblusttrunken

• Klangharmonien / Wohlgerüche / Lieblichkeiten am
Morgen / jetzt ist Abend

• Modulationen / Variationen / Formwandlungen / ich
begleite dich bis ans Ende

• immer diese Abwesenheiten / zu gehen zu den Gestalten /
frei in der Unwissenheit bleiben

• FLAMMENFIGURATIONEN

• in den Lichtadern / von weitherkommend / ein Wind

• sie haben sich gefunden / die Mandoline und das Saxofon
/ so schön kann Welt sein

• Erinnerungen mit dem Wind / von weit her / dir zu
begegnen / jetzt / hitzeüberworfen am Seeufer / im Schatten
der Linde / erstarrte Wellen dort / NÄHE FRISCHT IN
DER DÄMMERUNG AUF

• *Mircea Eliades* Dimensionen folgen / geistig aufatmen /
DENKEN / frei auf die Tiefen in sich selbst werden / und
das bei Boccherinis Violinsonaten und einer Seemannspfeife

• Fleurie mit Aromen von roten Früchten und Pfingstrosen
trinken / bei dir sein / LIEBEN / meergeschäumt

• diese Sehnsucht! / flockenblumig / aufgespannt zwischen
Sternen / lippengeschwungen / irrfein ziseliert /
umarmungsglockig

• wer sprenkelt die Schatten in meine Träume hinein? /
Intarsien des Lichts? / wie weiterleben?

• anstatt Philosophie *Papperlapapp* sagen / traumverliebt
der Seele vertrauen / das Licht in der Dunkelheit sehen

• ich liebe die Psyche / dafür brauche ich keine
Psychologie / sondern einfach Lebenslust / DICH

• *alles ist Haschen nach Wind* / lachen wir / bevors zu
Ende geht

• die Zikade ein Flugsaurier / die Biene ein Zeppelin /
wahre Welten erkunden

• geheimnisvoll offen sein / mit dem Kopf nicken / den
Kopf schütteln / von Grund auf alles vertauschen

• ein Jahrtausend raschelt um die Ecke / die Spinne vergisst
wer sie ist und zieht vollkommene Kreise in die Luft / derart
ekstatisch ist sie gestimmt

• ich liebe es sehr sehr weit von mir selbst zu sein

• die Sonne tanzt übermütig auf den Wellen / sie weiss
noch nichts vom Untergang

• dein Temperament / dein Stil / ist mir Liebessache

• ich gehe von mir fort / um in dir anzukommen

• die Pfeifenrauchkringel arabesken / ornamenten / um
deine Gestalt

• wenn keine Grille mehr zirpt / dichtet der Dichter nicht
mehr lange

• Nietzsches sämtliche Briefe in acht Bänden in einer
Kassette als Türstopper / so praktisch sind Philosophen

• es gibt keine Wahrheit / nur VORSTELLUNGEN /
Budenzauber

• Blau und Rot / Richtig und Falsch / es sind
Arrangements / austauschbar

• es gilt / sich immer weiter selbst zu entdecken in neuen
Zusammenhängen der Täuschung der Träume der Liebeslust
/ **in der Fata Morgana des Erkennens** / sich Unbekanntem
annähern / gespinstflechtig alles einbeziehen / den
Zirkelschlag des Seins einüben / Liebeserklärungen an den
Geist und an die Sinnlichkeit formulieren

• mit dem Schmetterlingsnetz Wind einfangen

• W A R U M ?

• vielleicht war es Henri Michaux / an den ich dachte /
vielleicht war es *nicht* Henri Michaux / weil ich ja gar nichts
dachte

*

Ardian

Ardian schüttelte den Kopf über das diesige Wetter, schloss seine Wohnung auf. Öffnete die Calvadosflasche, schüttelte nochmals den Kopf. Nun sollte ich den Brief, der seit Tagen ungeöffnet neben dem Aschenbecher liegt, öffnen, doch er schob das hinaus. Wichtig war ihm jetzt, bei sich anzukommen, endlich allein zu sein. Weder Pavese noch Svevo zu lesen. Vielleicht Hummel hören. Pfeife rauchen. Und zu denken, dass eigentlich nichts zu denken angesagt sei. Wissen bleibt Bodensatz, überflüssig, doch so weit dachte Ardian nicht. Er überliess sich ganz seinem Atem. Dem angenehmen Gefühl, nichts tun zu müssen. Er hörte ein Geräusch, es verwunderte ihn nicht, war wohl der Nachbar, Perseidenströme hört man nicht. Er lachte. Nippte Calvados. Sich zu erinnern wie gespinstig. Schön in der Abendsonne, doch jetzt war Nacht. Da Ardian nichts zu tun hatte, las er den Brief. Er fand nur Verschattungen. Als wir zusammen waren, entzifferte er. Als wir zusammen waren. Wann war das und wo? Er wusste es nicht. Vergangene Zeiten sind keine Zeiten. Und überhaupt, wer hat das geschrieben? Ardian las den Absender nicht, die Unterschrift unterm Briefende interessierte ihn nicht. Wird schon gut sein. Irgendwer musste es ja gewesen sein. Spielt das eine Rolle? Blumen haben Namen, Tiere auch, das ist wichtig, doch wie ist es mit Menschennamen? Sagt das etwas aus? Ardian wusste es nicht. Iris, Raphael, Veronika, Simon, das kann sehr bestimmt sein. Bleibt aber austauschbar. Ardian schüttelte den Kopf, heute Nacht muss nichts gesagt sein. Im Brief las er, als wir zusammen im Boot fuhren, wieder dieses *zusammen*. Er zuckte auf. Ardian konnte sich plötzlich irgendwie gut erinnern, was aber nicht verhinderte, dass ihn diese Mitteilung langweilte.

Und? Da zu antworten fiel ihm nicht ein. Wäre er Mysteriumforscher, hätte er Gründe zu erforschen gesucht,

Hintergründe, Zusammenhänge. Ardian schüttete den Kopf, lachte. Zusammen Boot fahren, nicht schlecht. Verschattungen. Er schenkte sich Calvados ein. Hörte Hummel, las weder Pavese noch Svevo.

Die Nacht stockte. Hörte keine Perseidenströme. Darauf kommt es nicht an, dachte er, wenn er gedacht haben würde, was aber nicht zutraf.

35

Ardian überliess sich dem Atem. Der kam von weit. Er zündete sich eine Pfeife an, die Rauchkringel flochten sich um seine traumfingrigen Nachtgestalten. Zusammen Bootfahren. Zum Schluss des Briefes fand Ardian nicht, er sah nicht ein, dass er alles hätte wissen müssen, was da stand. Von wem? Iris, Raphael, Veronika, Simon? Oder doch nicht?

Innerlich war Ardian vom allem sehr weit weg – und dadurch nahe.

*

• wenn kein Wort mehr möglich ist / Luigi Boccherinis Cellokonzerte hören

• Wirklichkeiten und Imaginationen sind *eins* / sagte der Mysteriumforscher

• anonym stehn sie rum die Bäume / in der Süsse des Weltalls /ein Glockenspieler küsst die Wolken

• die Menschen ein mikrobakterielles Gewusel in der Weltallpupille der Illusion / verstehe das nur ganz / ausbalancierend im letzten Erwachen

• Klarinettenklangbauch

• schönheitslusttrunken wahr bleiben im Irresein

• Allerseelen / Allerheiligen / Allerhokuspokus

• gibt es Vampire? / es ist alles viel schlimmer / es gibt Politiker

• die vielen Elemente in mir haben längst eine zentrifugale Dominanz entwickelt / dass ich nicht mehr weiss / welches Ich ich bin / wo ich stehe / wohin ich mich wenden sollte / sofern es überhaupt angebracht gewesen wäre / mich irgendwohin zu wenden

• immer wieder zu jeder Tages- und Nachtzeit in Georg Christoph Lichtenbergs «*Sudelbüchern*» zu lesen ist für mich eine gute Konstante

• bei Georg Christoph Wagenseils Konzert für <u>Harfe</u> zwei
Violinen und Cello / oder Jean-Baptiste Krumpholtz`
Konzert für <u>Harfe</u> und Orchester / oder Jan Ladislav
Dusseks Sonaten für zwei <u>Harfen</u> / oder sein Konzert für
<u>Harfe</u> und Orchester / ich liebe sie alle

• wie verwässert sind doch die Gedanken jener / die
pausenlos Vorträge halten

• wer viel weiss / schweigt viel / hätte der
Mysteriumforscher fast vergessen zu sagen

• gerade dadurch / dass man den Leib als etwas Zufälliges
betrachtet / lebt er in seiner einmaligen Schönheit /
philosophiert der liebeslusttrunkne Zackenbarsch.

• Sanctus Sanctus äonenumschlungen / in den Myriaden
der Liebe

• leitmotivisch zu singen / zu schweigen / zu tanzen / zu
lachen / zu küssen in deinen Armen

• der Mensch ist eine Evolutionslaune / denkt der Laufkäferforscher

• schillernd flimmernd / taucht der Tag ab / ins Nichts / zum Glück gibt es deine Hand

• ich schreibe ungerührt / unbetrübt /unbeeinflussbar / von jedem gesellschaftlichen Wahn meine Liebesgedichte / SINGE von Milchstrassen / Wein / Liebe / Freundschaft / Lust und Käfern / voilà

• c`est ça

• ein bisschen **Anakreon**-nah / dem griechischen Lyriker des 6. Jahrhunderts vor Christus

• ich kritzle und kratzle und krutzoliere an einem Gedicht lange herum / so halt …

• über das Literarisch-Zeitgemässe zu sprechen / nachzudenken / da käme ich zu Gewichtungen / DIMENSIONEN / fernab von den verblödeten hochgerühmten Firlefanzereien des Literaturbetriebs / der Verlagsdominanzen / des Bestsellergeschreis / des marktgeilen Erfolgs / der krankhaften Eitelkeiten

• der *Mysteriumforscher* und der *Laufkäferforscher* sind ein
As in meiner Dichtung …

• an den vierzig Seiten von «Saturns Ringe» schrieb ich
über ein halbes Jahr / ich bin kein «Grossschriftsteller» /
sondern ein kleiner Zackenbarschlyriker

• im Ganzen habe ich ein marathonlanges umfangreiches
Werk / en détail sinds lediglich Kurzstreckenläufe / so ist
das halt denkt der Laufkäferforscher / hätte der
Mysteriumforscher gesagt / sofern ers nicht vergessen haben
sollte / dies zu sagen

• surreale Dichtungen sind (oftmals) authentischer als
Lebensberichte / Autobiografien / Tagebücher / das gilt es
zu sehen

• eine Täuschung kann wahrer sein als eine «Wahrheit» /
doch nun fabuliere ich wild Koan-nahe drauflos /
sapperlotnochmals.

• gewiss ist: es geht mir nichts über die FANTASIE IN
FREIHEIT

• jede Dichtung beginnt immer wieder neu am ersten
Schöpfungstag und durcheilt alle sieben Tage …

• nur Unbekanntes ist es wert gesagt zu werden / sonst
könnte man ja Haushaltgeräte in Rabattangeboten anbieten

• Welten malen in den Stromschuttauftürmungen der
Träume im Geschiebe der Wolken in den Orgasmen der
Galaxien rosettig rispig LACHEN im Weltuntergang in den
Staubblätterbüschelungen bauchig züngelnd tänzerisch in
der Ungewissheit der Annäherungen wach bleiben in den
Nächten weissaalschuppenlos mit Empedokles erkennen
verwurzelt ÄHRENFINGRIG *gedehnt* in den Tundren
Lichtsilber in den Strauchverkrautungen Andante einer
Blütendolde bei Meteoriten den Kopf einziehen LACHEN
in den Weltentwürfen flockenleicht das Universum in deiner
Hand KÜSSEN schattenspringen Milchstrassen auf den
Fingerbeeren jonglieren TANZEN

• dieses Buch hat ein paar tausend Wörter / was für eine
Inflation / wo ich ja nur sagen wollte:

ich liebe dich Fisch / ich liebe dich Vogel /
ich liebe dich Blume / ich liebe dich
Galaxie

- mein ganzes Wesen erzittert in der Schönheit / in der
Liebe / in der Sehnsucht nach dem All / IN DER
FREIHEIT

- über gesellschaftliche Kinkerlitzchen hohnlache ich.

- ich quinkeliere wie ein verirrter Singvogel in wechselnder
melodischer Folge / wie eine trunkene Lerche / mit Tönen
der Liebe / der Lust / des Weltalls / der unendlichgestaltigen
Schöpfung / ABSICHTSLOS / ohne jeden Sinn /
weinliebend / pfeiferauchend // ich bin halt ein Lüüricker

- schwirrwind irrend in den Ganglien der Nacht echolos
UNGERAGT feinfingrig tanzend im Traumgeäst unsere
Augen treffen sich entfernt in den Wolken wir wollten es
wissen was geschah verstanden nichts das Grosse war zu
nah FEINFINGRIG TANZEND *weltverschiebend* dachte
der Laufkäferforscher das Licht zu gleissend schattenlos der
Atem zurückkrebsen zurückkrebsen so tun als wäre nichts
geschehen was aber unmöglich war es geschah was
geschehen musste wir konnten nichts aufhalten die Hände
griffen in die Fülle des Seins Galaxienhaufen rotteten sich
zusammen unterlastig schiefgeballt SCHATTENLOS DER
ATEM D U

- Sonnenglut in deiner Hand

• die jahrmillionenlangen Erdzeitalter sind nur kurze
Tagebuchabschnitte des Universums

• das Einmaleins der Wurzelfüsser / das ABC der Galaxien
/ zu lernen gibt es noch viel

• GEIST ist ein Tautropfen in der Nacht / die Sonne steigt
auf / der haben die Tautropfen nichts entgegenzusetzen

• Harmonie – Daseinslust sind Synonyme

• der steckhagelvoll besoffne Mond torkelt schiefsichlig
von Wipfel zu Wipfel rufst du Windfahnen schlenkern in
rachitischen Gebüschen ruft atemlos der Laufkäferforscher
die Erdrotation wird nicht aufzuhalten sein denke ich Oboe
d`amore-schwindlig MUSCHELSAUSEN schmalfingrig die
Erinnerung schiefsichlig neben dir die Brandung der Lust
AUFFLIEGEN ins alte einsame Herz deine Windstimme
hören feuerumschlungen *deinen Körper* lieben DICH
GANZ LIEBEN WIE DU BIST

• morgen gibts vielleicht einen welthistorischen Tag / der
übermorgen aber längst vergessen sein wird / so schön

• von der Seeseite her ein polyphoner Wind vielfingrig
oder eher krautbüschelig fast verknorzt jedenfalls ein Wind
von weit herkommend Fische Vögel Blumen Galaxien
TANZEN IN DEINEN AUGEN *Saturns Ringe an deinen
Fingern* SATURNALIEN Liebeslusttaumel im Geviert der
Unendlichkeit atemumschlungen // l a c h e n // leitmotivisch
// Waldbachschildkröten beobachten Kletterechsen
Sternbahnen der Laufkäferforscher reibt sich verwundert die
Augen ALLES SEHEN Karl Ditters von Dittersdorfs
Oratorium *Ester* in der Ohrmuschel *bei dir sein* Nocturnes
elegisch träumerisch auf den Lippen gelappt die Zunge
kupferfarben die Abendsonne blasswerdend
violinschlüsselschlank der Horizont INS NUMINOSE
EINTAUCHEN

• was für inweltenausgreifende klare Wirrheiten / sagt der
Zackenbarsch / FREIHEITEN ausspannen im Geist / in den
Äonen des Atems

• Pergolesi hören / Novalis lesen

• ist morgen Schöpfungstag? / Weltuntergangstag? / wir
müssen nicht alles zum Voraus wissen / Geist kommt nie zu
früh / nie zu spät / er ist einfach immer *da* / voilà / man muss
nur SEHEN!

• bei genügend Abstand zu unserm Planeten Erde / zum
Beispiel von Cassiopeia / ist es völlig unwichtig / welches
Jahrhundert wir schreiben

- es gibt andere / grössere /wichtigere Dimensionen als DIE
ZEIT / ich denke natürlich an die Liebe – – –

- die Liebe hat mich existenziell aufgefächert / BEFREIT /
ich nehme das als Lebensgeschenk / uneingeschränkt
dankbar an

- auch ohne *parapluie* sage ich *bonne nuit*

- Johann Evangelist Brandls «Sinfonia Concertante D-Dur»
/ «Te Deum Laudamus /: wunderschön!

- es zählt nichts als SCHÖNHEIT / ANBETUNG /

L I E B E

- «Erfolg» ist nur Schminke / lächerlich /
Zufallszerfallsprodukt

- ich glaube an die SCHÖPFUNG / bete sie liebend an

•	ich kann noch so viel entdecken: José Avelino Canongia /
Amandus Ivanschiz (…) / die Welt ist so schön!!

•	Leben braust auf / ich bin glücklich

•	ich fühle mich für dunklere Zeiten gewappnet

•	heute Nacht besuche ich ANAKREON / dass er
zweieinhalbtausend Jahre vor mir gelebt hat beachte ich
einfach nicht

•	schwindlig schlingernd schlenkernd die Nacht ist zu
sagen obwohl es windstill ist die Augenblicke tropfen
sichtwinklig unfassbar sich in sich versenken schlingernd
URSPRUNGSATEM ist zu sagen Wolken der Verblendung
fortblasen über dichotome Begriffspaare lachen
lustverzweigt gefiedert SEEGRÄSER
TINTENFISCHARME du verstehst schon ist zu sagen im
Weinglas blinzelt klingelt die Sonne Erkenntnis hockt
vergnügt auf der Pyramidenspitze von Gizeh da gibt es
nichts zu sagen es ist als ob der Laufkäfer forschte und nicht
der Laufkäferforscher durchgerüttelt durchgeschüttelt die
Zeiten die Zuständigkeiten lachen lustgebuchtet gekerbt die
Bamberger Basilika ans Revers heften *rêverie* Nachtfarben
erklingen lassen in vollen Zügen t r i n k e n in dir
ertrinken

• als wärens Traumrosetten Silhouetten Mäander glimmrig
nektartrinkend Citrusfrüchte ist zu mutmassen wir lachen
plaudern wie Laubfrösche *tanzen* zünden Kerzen an befreien
uns aller Kleider sind Moos Diademseeigel Transzendenz
flüstern rauchen DU BIST SO SCHÖN jonglieren
Galaxien auf den Fingerbeeren lieben uns

• Sterne als Segelschiffe benützen freie Fahrt in deine
schlanke Hand *Flug in den Weltraum* deinen Körper
vermessen KARTOGRAPH DEINER FÜSSE uns küssen

• mit Joan Mirós traumgeometrischen mikrobakteriellen
Gespinsten zum Uranus fliegen ich habe dort meinen Hut
verloren so ernst ist die Lage Dunstschleier steigen überall
rundherum auf schön ists sich mit dir zu verirren in
Sternhaufen Quelldämpfen Aloeholzdüften Lichtirrheiten
magische Runen die Zweige geheimnisverbogen
Götterglück im Hosensack Weisheit und Stärke verkörpernd
würde der Mysteriumforscher gesagt haben können zum
Uranus zu fliegen erübrigt sich ich kann auch ohne Hut
leben im mikrobakteriellen Gespinst aufgespannt in den
Adern der Nacht hinter den Lichtirrheiten

• Assoziationen sind mein Perpetuum mobile

• // was alles ist / oder auch nicht

- deine Augen sind Zugvögel auf Luftströmen von Herz zu
Herz ATEMBETÄUBT Feuerkugeln fernher wolkenleicht
in den Gegensätzen *eins* GOLDAUGE Honigbienentanz
saltoschlagend sich um Wahrheiten kümmern LACHEN
Schwerelosigkeit einfärben habe Vertrauen zu
Verwitterungen Tempelruinen zu Absichtslosigkeiten reiche
dem Unerreichbaren die Hand feuerströmend Sonnenfunken
funkelnd munkelnd Funkenstrom aufwühlend wenn du bei
mir bist SONNENAUGE bauchnabelrund kreisend
Orgasmus in *dieser* Nacht aufgetürmte Sprachlosigkeit fern
nah sonnenfaltrig flatternd das Lied steigt auf in der
Doldigen Schwanenblume dein Lachen ein Sonnenröschen
deine Zunge ein Sonnenstrahlfisch LIPPENGLUT gebaucht
quirlständig Sonnen wie Doldenrispen HARMONIE DER
LUST weit ausgreifend lasziv bleiben trunken irr
schöpfungssonnig der *Sonnentanz* sonnenverbrannt in
bauchigen Geheimnissen JA SAGEN

- mit Jean-Henri Fabre im verwilderten Garten *Harmas*
sitzen bei Wolfsmilchraupen / WARTEN SCHWEIGEN
BEOBACHTEN / Mauerbienen Borstige Sandwespen
erfüllen ihr Sein / Äsop fabelt im Schirokko / von weit her
grüsst *Glück*

- Sterne pflücken Kometen nachrennen Meerwellen zählen
es gibt immer viel zu tun in den Monaden den
vorbeifliessenden Montagen und Monaten admirabel
TRILLERHÜPFEN *Ars musica* dem Staudenfeuerkraut am
Waldrand einen Liebesbrief schreiben affirmiert akkordiert
mit einem Japanischen Meisengimpel Glück suchen
OPHELIA den apulischen Rotwein mit Aromen von
Brombeeren Pflaumen und schwarzen Kirschen trinken mit
dir lachen Weltuntergang ignorieren dem Wind nachschauen
SEHEN

• Pflanzensoziologie betreiben im Flüstern der Felder und
Wälder Zusammenhänge entdecken zwischen Formen
Farben Blättern Wurzeln IDEEN SAMMELN
Verbindungen sehen wo es keine gibt mit den Zehenspitzen
Das Ich und das Es ins Rollen bringen Weltgeschichte
philosophieren im Staub den Zufall loben und wenns ernst
wird «guten Tag» sagen und davonlaufen

• Sumpfdotterblumen Zipfelfrösche
Sonnenkreisbahngeschwindigkeiten lieben
melodienschweifend Freiräume fürs Denken und Fühlen
schaffen wie Wind Seewellen liebkosen SICH INS OFFNE
VERSENKEN leicht werden tanzen glühenden Landwein
aus den *Hautes Pyrénées* trinken mit dir schulteranschulter
an einem namenlosen Flüsschen sitzen irgendwo in der
Auvergne zwischendurch den ratlosen Mond zum Lachen
bringen lustverkrautet still werden höhlentief still werden
die kühle Nachtluft willkommen heissen als Dritte in unserm
Bunde

• barfuss gehen in den Morastsümpfen dort hinter den
Radaranpeilungen der sphärischen Astronomie im Mandala
des Traums NAHAUFNAHMEN Insektenschwärme barfuss
gehen auf Notenlinien angesichts des Unvergänglichen des
Sonnensittichs Château Margaux trinken sanft sich
verführen mit dem Purpurseeigel und endlich sich mit dir zu
verirren

*

Aurélien

Sedimente einer Liebe / chez la mer

Auréliens Körper ist wie ein Schirokko, ein Lockruf der Lust, die Äste des Olivenbaums bespielend, überstürzend, von weit her kommend, niederfallend. Auréliens hohe, leicht rauchige Stimme ragt in die Wolken hinauf; sein Lachen ist befreiend wie eine Spiralgalaxie im Kelch einer Tulpe. Eine tanzende Blattrosette. Betörend der Duft. Die feingliedrigen Finger ein Spinnennetz, algenschlank, tänzerisch bewegt. Auf seinen Fingerbeeren ruht sich das Weltall aus, *singt*. Trillergespinste. Auréliens Gedanken fliegen als Zugvögel über feuergischtende Meere. Er liebt den Zimtrohrsänger, den Papageifisch, die Gelbe Sumpfdotterblume. Mit Cassiopeia und Jupitertrabanten versteht er sich gut. Die Sedimente der Liebe ruhen in seinem Herzensgrund. Ferne Traumakkorde in der Ohrmuschel. Über Abgründe springen, schöpfungstrunken alles Leben küssen, AMORPHER WIND SEIN in Kaskaden von Wasser, Farben, Formen, kristallinen Lichtbrechungen. Sternbild des *Drachen*. ERKENNEN umfärben, umschichten, in neue Zusammenhänge stellen. Mit Aurélian schulteranschulter Châteauneuf-du-Pape trinken, *schweigen*. Aurélien ist jung, sehr schön, weit verzweigt seine Lust. ANBETEND.

*

DICHTEN HEISST LIEBEN

Nachbemerkungen

Dass ich in *«Flammenfigurationen»* je nachdem auf zwei
Ebenen schreiben konnte – auf jener der *Liebesgedichte* oder
jener der *Assoziationen* – war eine wunderbar gute Sache!
Ich konnte mit meinen Gefühlen und Gedanken hin- und
herspringen: es war in den verschiedenen Modulationen in
den Wandlungsfähigkeiten der Sprache, des Rhythmus, der
Bildhaftigkeit, des zart Antönenden oder des festgriffigen
Benennens immer EINS.

Das *Leichtschwebende* der ASSOZIATIONEN bestimmt
mich und mein Schreiben mehr und mehr … Es ist eine
künstlerische Freiheit aus Seinstraumtiefen kommend, die
mich ergreift, *amoroso*, der ich aber niemals ausgeliefert
bin, da ich sie gestaltend bestimme! Wie ich alles verknüpfe,
auswähle, ausarbeite, umschichte, mir die Zusammenhänge
vorstelle, erfinde in den konkreten Verwandlungen, in den
Synästhesien, in den synchronen «Verschmelzungen» –: das
ist mein Stil, meine künstlerische Arbeit, die ich sehr liebe.
Es gibt im Erleben keine Bagatellen, alles ist gleich wichtig,
sofern man LIEBT. Und dadurch, dass in der Sinnlichkeit
alles unverwechselbar sich selbst ist, wird es auch *frei* für
das Andere, für den Geist, der in allem lebt.

ASSOZIATIONEN mit ihren SYNÄSTHESIEN bilden den
Fundus, sind der Funke, der meine Fantasie, aus dem ich
meine kleinen Dichtungen forme, entzündet. Ich erzähle,
rapportiere keine Träume eins zu eins, sondern nehme die
«Träume», die Inspirationen, die Einfärbungen der Liebe,
die Auffächerungen der Sehnsucht als Farbpalette für mein
Malen … Mit meinem Bewusstsein führe ich Unbewusstes
in neue Zusammenhänge, gestalte sie suchend, findend,
ersehnend.

Welten in neue Welten verbinden, verwandeln, dabei aber
Amorphes ruhig amorph sein lassen … (Schattenabgründe //
Dämonen // Amoretten // Wolken)

Gloria – Sanctus – Benedictus sind bestürzende **Lobgesänge des Universums** und keine religionsgemeinschaftlichen, gesellschaftsdebilen oder individualpsychologischen Kümmerlichkeiten. Die Seele muss FREI schweben können (wach werden in der Trunkenheit). Mystik und Lyrik sind ein letztes <u>absichtsloses</u> JASAGEN zum Sein, in den ekstatischen Dimensionen des Unbegrenzten, in der Liebe zu allen Geschöpfen.

Eine Poetik kann in meinen Augen nur eine lusttrunkene Liebeshymne auf die ganze Schöpfung sein.

ANBETUNG ist für mich <u>niemals</u> in der Nähe einer Religion, einer Kirche, einer Sekte; ANBETUNG IST FÜR MICH DICHTEN, existenziell gesehen in einer innigen Beziehung zum Sein – eine entflammte Liebeserklärung an die ganze Schöpfung auf diesem Planeten und ans Universum. ANBETUNG ist ein Akt der personalen FREIHEIT (absolut *fern* von jeder vorgegebenen «Autorität»).

ANBETUNG ist Liebe, ist Schönheit. Liebe ist Anbetung.

DICHTEN HEISST LIEBEN.

A N B E T E N.

pg

Paul Gisi, Liebeslyriker, Prosaminiaturmaler, Surrealist, Mysteriumforscher, Laufkäferforscher, Sätze- und Briefschreiber.

1949 in Basel geboren, Schulen in Basel, Primarlehrerpatent in Zug, einige Jahre Schulpraxis, mehrere Aufenthalte in Südfrankreich. Kurzzeitig verschiedene Berufe (Psychiatriehilfspfleger, Schallplattenspediteur, Verlagsvertreter), viele Jahre lang Korrektor bei Zeitungen und Verlagen in St. Gallen und Herisau.

Paul Gisi (vielfach *Zackenbarsch* genannt) publizierte ein umfangreiches Werk (Stand 2025: 144 Publikationen), hauptsächlich Lyrik, aber auch Kurzprosa, Sätze und Briefe, erhielt wenige Preise, lebt in Rorschach am Bodensee. Vertreten in manchen Anthologien in der Schweiz und in Deutschland. Diverse Beiträge in Literaturzeitschriften. Einige Bücher wurden von namhaften Schweizer Künstlern illustriert.

Paul Gisi trinkt gern Wein, liebt die Liebe und die Träume, *liebt das Leben*, liebt den Geist der Mirabelle, liebt klassische und romantische Musik, Belcantoopern, Oratorien, Messen, Johann Evangelist Brandl, Konzerte, Sinfonien, Streichquartette, liebt das Denken («tagsüber, nachtsüber – tagsunter, nachtsunter»), Platons *Philebos*, liebt die Freiheit, den Wind überm See, liebt Tuschbilder des Zen-Meisters Sengai, Vincent van Gogh, raucht gern Aristophanes'sche und Xenophanes'sche Pfeifen.

Eine **Bibliografie 1969 – 2025** wurde von *Edition Lucrezia Borgia* erstellt. Nicht alle Bücher erschienen dort, einige erschienen in andern Verlagen, ab 2015 erschienen alle bei Books on Demand, Norderstedt (Deutschland).

56

zackenbarsch.ch

zackenbarsch.gisi@gmail.com